BEI GRIN MACHT SICH IHR WISSEN BEZAHLT

Bibliografische Information der Deutschen Nationalbibliothek:

Die Deutsche Bibliothek verzeichnet diese Publikation in der Deutschen National-
bibliografie; detaillierte bibliografische Daten sind im Internet über http://dnb.d-
nb.de/ abrufbar.

Impressum:

Copyright © 2017 GRIN Verlag
Druck und Bindung: Books on Demand GmbH, Norderstedt Germany
ISBN: 9783346042682

Dieses Buch bei GRIN:

https://www.grin.com/document/502944

Tanja Otto

Der "Spatial Turn" in der Geschichtsdidaktik. Theoretische Grundlagen und Beispiel einer Unterrichtssequenz

GRIN Verlag

GRIN - Your knowledge has value

Der GRIN Verlag publiziert seit 1998 wissenschaftliche Arbeiten von Studenten, Hochschullehrern und anderen Akademikern als eBook und gedrucktes Buch. Die Verlagswebsite www.grin.com ist die ideale Plattform zur Veröffentlichung von Hausarbeiten, Abschlussarbeiten, wissenschaftlichen Aufsätzen, Dissertationen und Fachbüchern.

Besuchen Sie uns im Internet:

http://www.grin.com/

http://www.facebook.com/grincom

http://www.twitter.com/grin_com

Ludwig-Maximilians-Universität München
Historisches Seminar, Abt. Didaktik der Geschichte und Public History
Sommersemester 2017
Basiskurs Geschichtsdidaktik

PORTFOLIO

Tanja Otto

LA GY Geschichte/Latein

6. Semester

Inhaltsverzeichnis

1. Verschriftlichung des Referats: Theoretische Grundlagen zum Spatial Turn............1

   1.1 Einleitung..1

   1.2 Der „Spatial Turn" - Karten als Abbilder und Konstruktion von Mentalitäten....1

   1.3 Raumbezüge im Geschichtsunterricht..................................3

   1.4 Verortung der Kategorie „Raum" in den Lehr- und Bildungsplänen...................6

2. Entwurf eines Arbeitsblattes: Die Gründung des deutschen Kaiserreichs 1871 – eine „Revolution von oben"?..7

   2.1 Sachanalyse...7

   2.2 Einbettung in den Lehrplan...9

   2.3 Didaktische Reduktion..9

   2.4 Umsetzung des Arbeitsblatts „Eine Revolution von oben?"...............11

   2.5 Einbettung in eine konkrete Unterrichtsstunde-/sequenz....................12

3. Literaturverzeichnis...14

   3.1 Quellen..14

      3.1.1 Bildquellen..14

      3.1.2 Quellen auf dem Arbeitsblatt........................14

   3.2 Forschungsliteratur...14

      3.2.1 Literatur zum Spatial Turn............................14

      3.2.2 Literatur zur Gründung des deutschen Kaiserreichs................15

      3.2.3 Literatur für die didaktische Umsetzung....................16

1. Verschriftlichung des Referats: Theoretische Grundlagen zum „Spatial Turn"

1.1 Einleitung

Als Einstieg des Referats wurden den Studierenden verschiedene Weltkarten aus der Gegenwart gezeigt. Es handelte sich sowohl um thematische (in diesem Fall politische) als auch um physische Weltkarten. Außerdem waren die Karten unterschiedlich zentriert und demzufolge nicht nur auf Europa ausgerichtet, sondern auch auf Asien und Amerika. Diese Kontrastierung sollte bei den Studierenden eine erste Sensibilisierung hinsichtlich des Konstruktcharakters von Karten wecken und auch die Überrepräsentation von politischen Karten im Geschichtsunterricht problematisieren. Schließlich sind territoriale Grenzen nicht naturgegeben – und existierten vor der Nationalstaatsbewegung praktisch nicht -, sondern sie verräumlichen an sich nichtterritoriale Gegebenheiten wie Ethnien, Religionen und Kulturen, was wiederum zur Verfestigung dieser Sichtweisen führen kann.[1]

1.2 Der „Spatial Turn" - Karten als Abbilder und Konstruktion von Mentalitäten

Im Folgenden wurde dann gezeigt, dass die angesprochenen Probleme innerhalb der letzten zwanzig Jahre im Rahmen des sogenannten „Spatial Turn" wissenschaftlich untersucht und diskutiert worden sind. Oswalt nennt diese Entwicklung treffend „Raumrenaissance".[2] Hierzu erfolgte eine Darlegung der Neuerungen, die sich in diesem Zusammenhang für die historische Kategorie „Raum" ergeben haben.

Die wichtigste Neuerung stellt der Übergang von der Vorstellung der „Macht des Raums" hin zur Vorstellung der „Macht der Raumkonzepte" dar.[3] Im 19. und zu Beginn des 20. Jahrhunderts wurde der Raum vielfach für deterministische Begründungen insbesondere biogenetischer Art instrumentalisiert, was schließlich im Nationalsozialismus in der Begründung von Krieg und Genozid kulminierte, aber bis

---

1 Vgl. Oswalt, Vadim/Haslinger, Peter: Raumkonzepte, Wahrnehmungsdispositionen und die Karte als Medium von Politik und Geschichtskultur, in: Haslinger, Peter (Hrsg.): Kampf der Karten. Propaganda- und Geschichtskarten als politische Instrumente und Identitätstexte in Europa seit 1918, Marburg 2012, S. 1-12, hier S. 4f.
2 Beispielsweise Oswalt, Vadim: Das Wo zum Was und Wann. Der „Spatial turn" und seine Bedeutung für die Geschichtsdidaktik, in: GWU 61 (2010), S. 220-233, S. 221.
3 Vgl. ebd., S. 221f.

heute immer wieder auftaucht.[4] In der neuesten Forschung wird jedoch nicht vom Raum selbst als Determinante ausgegangen, sondern von der zentralen Rolle der Raumkonzepte.

Das heißt, man hat sich der mentalen Dimension des Raums zugewandt.[5] Daraus ergibt sich der zweifache Konstruktionscharakter von Karten: Jeder Mensch konstruiert in seinem Gehirn individuell stark selektiv kognitive Karten („Mental maps"), um seinen Alltag bewältigen zu können. Diese Karten sind mehrdimensional und konstituieren in der Summe seine Identität mit[6] - auch weil es im Gehirn kein eigenes „Raum-Zentrum" gibt und der Raum deshalb immer mit verschiedensten anderen Informationen angereichert und verknüpft werden muss.

Gleichzeitig können durch das Anfertigen von Karten Mentalitäten festgeschrieben und erzeugt werden. Für die Geschichtswissenschaft ergibt sich daraus die Möglichkeit, Karten viel umfassender zu nutzen, als das bisher der Fall gewesen ist. Denn es gilt, nicht nur die Wissenschaftlichkeit und Realitätsnähe der jeweiligen Karten zu beurteilen, sondern auch die Mentalität des Kartenmachers zu berücksichtigen. Zunächst soll diese Konstruktion von „Mental Maps" im Bewusstsein der Schülerinnen und Schüler stattfinden.[7] Darauf aufbauend ist der Übergang von einem „naive[n] geschichtliche[n] Raumdenken in ein historisches Raumbewusstsein" das zentrale Ziel des Geschichtsunterrichts.[8]

Als Beispiel für die Abbildung und Konstruktion von Mentalität durch Karten wurde den Studierenden anschließend die Weltkarte des Muhammad al-Idrisi gezeigt (Anhang 1).[9] Als islamische Karte hat sie Mekka im Zentrum und der Süden ist oben, was nicht unseren Sehgewohnheiten entspricht, sodass sich die Studierenden erst einmal

---

4 Vgl. Oswalt, Vadim: Raum und historisches Lernen – elaborierte Konzepte zu einer basalen Dimension geschichtlichen Denkens?, in: Joachimsthaler, Jürgen/Kotte, Eugen (Hrsg.): Kulturwissenchaften und Geschichtsdidaktik, München 2011 (=Kulturwissenschaft(en) als interdisziplinäres Projekt 4), S. 199-218, S. 200f. Auf die Probleme, die sich aus diesen Bezügen für die Einbettung der Kategorie „Raum" in die Geschichtsdidaktik ergeben, soll unten näher eingegangen werden.
5 Vgl. Oswalt (2010), S. 222.
6 Vgl. ebd.
7 Vgl. Oswalt, Vadim: Europäische Geschichte im Unterricht einer Migrationsgesellschaft. Neue curriculare Akzente und die aktuellen Lehrpläne der Bundesländer, in: Alavi, Bettina/Henke-Bockschatz, Gerhard (Hrsg.): Migration und Fremdverstehen. Geschichtsunterricht und Geschichtskultur in der multiethnischen Gesellschaft, Idstein 2004 (=Schriften zur Geschichtsdidaktik, Bd. 16), S. 97-113, S. 106.
8 Vgl. Oswalt, Vadim: Raum, in: Mayer, Ulrich u.a. (Hrsg.): Wörterbuch Geschichtsdidaktik, Schwalbach/Ts. ³2014, S. 163-164, S. 164.
9 Für die mögliche Einbettung in eine Unterrichsstunde, indem die Karte mit der christlichen Ebstorfer Weltkarte verglichen wird, siehe Grieshaber, Christian: Bilder von der Welt im Mittelalter. Zwischen religiösen Sehnsuchtsorten und Abbildern der Realität, in: Geschichte lernen 177 (2017), S. 24-27.

orientieren mussten. Genau diese anfängliche Desorientiertheit kann im Schulunterricht genutzt werden, um die Perspektivenübernahme zu schulen und der Multiperspektivität Rechnung zu tragen. Für diese Prozesse können sowohl Historische Karten als auch Geschichtskarten herangezogen werden. Historische Karten sind Darstellungen aus der Vergangenheit, die als Traditionsquellen oder Überreste eingestuft werden können. An ihnen lässt sich gut untersuchen, wie sich Raumkonzepte im Lauf der Zeit verändert haben.[10] Geschichtskarten hingegen dienen der Darstellung der Vergangenheit aus Sicht des heutigen Wissensstandes.[11] Auch sie veranschaulichen Raumkonstruktionen, nämlich meist diejenigen des späteren 19. Jahrhunderts, die im Zeichen der Verdinglichung, Codierung und Statik von dynamischen Prozessen standen.[12] Insgesamt haben sie mehr geschichtsvermittelndes Potenzial als die Verwendung als didaktisches Instrument, wie es gegenwärtig meist der Fall ist.[13] Besonders wichtig bei der Betrachtung beider Arten von Karten ist die Berücksichtigung des jeweiligen Verwendungskontextes, da dieser auch politisch motiviert sein konnte, sowie Rezeptionsvorgänge.[14]

1.3 Raumbezüge im Geschichtsunterricht

Als Nächstes wurde dann genauer auf die Raumbezugsebenen eingegangen, die im Geschichtsunterricht eine Rolle spielen. Sie stellen sich als komplexes Geflecht aus Mikro- (Individuen), Meso- (Unterricht) und und Makroebene (Lehrplan) heraus.[15] Die am Unterricht beteiligten Personen zeichnen sich außerdem durch ihre Heterogenität aus, was sich auf ihre Voraussetzungen und Wahrnehmungen auswirkt.[16] Überdies bestimmt der Ort des Lernens die Lernbezüge mit, da es beispielsweise einen Unterschied macht, ob sich die Schule in einer mittelalterlichen Stadt oder in einer Stadt mit nationalsozialistischer Vergangenheit befindet.[17] Daraus folgt insgesamt, dass eine Reflexion von Raumbezügen unabdingbar ist „zur Markierung des eigenen Standpunkts

---

10 Vgl. Oswalt/Haslinger (2012), S. 8f.
11 Vgl. ebd., S. 7.
12 Vgl. ebd., S. 8f.
13 Vgl. Oswalt, Vadim: Die Macht der Visualisierung historischer Räume – Die Karte als Medium der Geschichtskultur in Europa, in: Handro, Saskia/Schönemann, Bernd (Hrsg.): Raum und Sinn. Die räumliche Dimension der Geschichtskultur, Münster 2014, S. 195-210, S. 196.
14 Vgl. ebd., S. 6f. und 10f.
15 Vgl. Oswalt (2010), S. 225.
16 Vgl. ebd.
17 Vgl. ebd.

historischer Betrachtung" sowie um der Interkulturalität gerecht zu werden.[18]
Anschließend wurde die „Typologie der Raumbezüge im historischen Lernen" von
Vadim Oswalt anhand folgender Tabelle vorgestellt.[19]

Der sektoral gegliederte Raum	In Beziehung zu verschiedenen Sachaspekten (Politik, Wirtschaft, Religion etc.) = zentrale Dimensionen von Gesellschaftlichkeit
Der dimensional gegliederte Raum	Von den Mikroräumen (Gebäude, Ort) hin zu Makroräumen -> Regional-, National-, Kontinental- und Weltgeschichte
Der verflochtene Raum	Einbezug von verbindenden Perspektiven (transnational, transkulturell, historische Großräume)
Der historische Handlungs- und Geschehensraum	Der Ort zum Geschehen in der Zeit, aber auch als Teil des Geschehens selbst
Der Naturraum als Bedingungs- und Gestaltungsraum menschlicher Existenz	Der Raum in seiner Wirkung auf und Formung durch den Menschen (aber nicht Determinismus, sondern jeweilige Gewichtung)
Der Mentalraum (kognitive Karten in diachroner Perspektive)	Raumkonzepte im historischen Wandel

Erläuterungen:

Der sektoral gegliederte Raum – und hier vor allem der politische – dominiert im
derzeitigen Geschichtsunterricht. Der Raum wird dabei in politische (wirtschaftliche,
religiöse,...) Zonen eingeteilt und die Veränderung dieser Zonen werden behandelt, wie
z.B. die neuen politischen Grenzen nach dem Zerfall des Römischen Reiches in der
Jgst. 6 am Gymnasium.[20] Der dimensionale Raum gewinnt angesichts der
Globalisierung, Internationalen Erziehung/Globalen Lernens und der Interkulturellen
Pädagogik an Bedeutung. Es werden Entwicklungen von der Orts- über die Regional-
bis hin zur Weltgeschichte berücksichtigt, wie beispielsweise gegenwärtig die
Entdeckung Amerikas durch Kolumbus in Jgst. 7 am Gymnasium. In diesem
Zusammenhang spielt auch der verflochtene Raum eine Rolle, wenn – um bei dem
genannten Beispiel zu bleiben – die transkulturelle Perspektive auf die indigene
Bevölkerung in Amerika beleuchtet wird.

---

18 Vgl. ebd. (Zitat ebd.).
19 Zur näheren Erläuterung der einzelnen Bezüge siehe ebd., S. 226-231.
20 Hier werden auch vor allem Geschichtskarten, nicht Historische Karten verwendet.

Der Raum als historischer Handlungs- und Geschehensraum bedeutet, dass historische Ereignisse „verortet" werden, der Ort aber gleichzeitig Teil des Ereignisses ist, wie beispielsweise beim Prager Fenstersturz 1618 (7. Jgst. am Gymnasium), der untrennbar mit der Stadt Prag verbunden ist. Der „Naturraum als Bedingungs- und Gestaltungsraum menschlicher Existenz" weist darauf hin, dass der Raum bestimmte Entwicklungen bedingen kann, aber nicht muss, d.h. das deterministische Ausmaß muss im Einzelfall ermittelt werden. Beispielsweise wirkte der Vesuvausbruch 79 n. Chr. durch das Unterbrechen der Siedlungskontinuität in der Region stark deterministisch, wohingegen für die Migration von Kreuzfahrern in die Gegend um Jerusalem nicht allein der Raum verantwortlich gemacht werden kann. Der Mentalraum schließlich beschäftigt sich mit den „Mental Maps" unserer Vorfahren und wie sie sich mit der Zeit veränderten. Diese Dimension des Raums wird im Schulunterricht bisher kaum berücksichtigt, obwohl durch sie – vor allem auch durch die religiösen Karten des Mittelalters – interkulturelles Lernen begünstigt werden kann.

Davon ausgehend wurde auf die Hindernisse bei der Einbettung räumlicher Denkweisen in geschichtsdidaktische Modelle eingegangen.[21] Zunächst stellt die problematische Instrumentalisierung des Raums in der Vergangenheit ein Hindernis dar. Vor allem der Nationalsozialismus bediente sich des Raums als Legitimation für Krieg und Verfolgung. Es muss darauf geachtet werden, sich von diesen essentialistischen und deterministischen Tendenzen abzugrenzen.[22] Außerdem erweist sich die Kategorie Raum selbst als überaus komplex, sodass nur von einem relativen Raum gesprochen werden kann, nicht von einem absoluten.[23] Das bedeutet, dass der Raum – wie die Zeit – stets der (selektiven) Wahrnehmung eines Menschen unterworfen und demzufolge niemals etwas unantastbar Objektives ist. Das dritte Hindernis ist die „Einordnung in eine Methodik historischen Denkens", denn die Isolation einzelner Dimensionen widerspricht der Mehrschichtigkeit historischer Sinnbildung.[24] Das heißt, die Betrachtung des dimensionalen Raums sollte diejenige des Mentalraums nicht ausschließen usw. Insgesamt handelt es sich nach Oswalt bei der Kategorie Raum um ein „unterschätztes Konzept".[25]

---

21 Nähere Erläuterungen hierzu finden sich in Oswalt (2011), S. 200-202.
22 Vgl. ebd., S. 200.
23 Vgl. Oswalt (2014), S. 163.
24 Vgl. Oswalt (2011), S. 201f. (Zitat S. 201).
25 Vgl. ebd., S. 202 (Zitat ebd.).

1.4 Verortung der Kategorie „Raum" in den Lehr- und Bildungsplänen

Abschließend wurde noch auf die Verortung des Raums in den Lehrplänen eingegangen, indem zunächst problematische Aspekte und zuletzt mögliche Lösungen aufgezeigt wurden. Generell lässt sich feststellen, dass der Raum in den Lehr- und Bildungsplänen lediglich ein „basales Prinzip der Ein- und Zuordnung" darstellt.[26] Es werden die Raumdimensionen von der Regional- bis zur Weltgeschichte als klar definierbare Größen gesehen, die Ereignisse wie ein „Container" enthalten, d.h. die zeitliche Dimension wird der räumlichen ausdrücklich vorgezogen.[27]

Des Weiteren problematisch ist die Tatsache, dass in den Lehr- und Bildungsplänen sektoral der politische Raum stark im Vordergrund steht und er nur abgelöst wird, wenn es unbedingt nötig ist (wie z.b. für das antike Griechenland).[28] Andere Aspekte wie der Naturraum werden nur punktuell herausgegriffen. Insgesamt diagnostiziert Oswalt ein „niedrige[s] intellektuelles Niveau" im Umgang mit dem Raum bei „voraussetzungslose[m] Umgang mit historischen Raumbegriffen", sodass dieser Umgang genauso unreflektiert stattfinde wie derjenige mit der Zeit, da das chronologische Prinzip auch nicht hinterfragt würde.[29] Dabei böte gerade das Hinterfragen der Raum- und Zeitkonzepte vielfältige Chancen zur Multiperspektivität und Perspektivenübernahme.[30]

Abschließend wurden den Studierenden noch mögliche methodische Ansätze und Lösungen präsentiert. Zunächst gilt zu bedenken, dass sich die Sprache als Medium eignet, wenn diachrone Verläufe dargestellt werden, wohingegen sich Bilder und Karten besser für synchrone Ereignisse eignen.[31] Bei der Kartenarbeit sind jedoch Längsschnittbetrachtungen unabdingbar, um Entwicklungsprozesse nachvollziehen und verstehen zu können. Die mündliche/schriftliche Erzählung kann wiederum in „Ordnung der Orte" und „raumbildende Handlungen" unterteilt werden. Ersteres bietet einen Rundblick an einem Ort und Zweiteres verfolgt Handlungen an den Orten.[32] Eine weitere Möglichkeit stellen „sequentielle Atlanten" dar, d.h. chronologisch geordnete Kartenfolgen zur Visualisierung eines Narrativs, sodass eine „Hypostasierung" der

---

26 Vgl. Oswalt (2011), S. 204.
27 Vgl. ebd., S. 204-206 (Zitat S. 204).
28 Vgl. ebd., S. 209f.
29 Vgl. ebd., S. 211.
30 Vgl. ebd.
31 Vgl. Oswalt (2010), S. 231.
32 Vgl. ebd., S. 232.

Geschichte stattfindet, durch die die historische Erzählung eine physische Gestalt bekommt.[33] Zusammenfassend ist zentral, dass die Schülerinnen und Schüler die Subjektivität und Konstruktivität und damit die „historische Gebundenheit des Raumdenkens" verstehen lernen.[34]

2. Entwurf eines Arbeitsblattes: Die Gründung des deutschen Kaiserreichs 1871 – eine „Revolution von oben"?

2.1 Sachanalyse

Die „Revolution von oben" als Bezeichnung für die Gründung des deutschen Kaiserreichs ist ein zeitgenössischer Begriff, der verwendet wurde, um die deutsche Nationalstaatsgründung von der (gewaltvollen) französischen Revolution „von unten" abzugrenzen.[35] Zwei Aspekte dieser Bezeichnung sind problematisch: Die „Revolution" und „von oben", was im Folgenden erläutert werden soll. Auf diese Weise kann anschließend die Frage beantwortet werden, ob der Begriff „Revolution von oben" der Reichsgründung 1871 gerecht werden kann. Um Jeismanns Dreischritt aus Sachanalyse – Sachurteil – Wertung zu vollenden, soll das Ergebnis abschließend bewertet und eingeordnet werden.

Zunächst handelt es sich bei der Reichsgründung zwar um eine punktuelle politisch-soziale Umwälzung, sodass der Begriff „Revolution" durchaus in Frage kommt. Jedoch wurde von den Zeitgenossen das Jahr 1866 meist als bedeutsamer wahrgenommen als das Jahr 1871.[36] Die beiden Gründe hierfür liegen wohl bei der gescheiterten Revolution von 1848/49: Zum einen wurde nach dem deutsch-österreichischen Krieg 1867 der Norddeutsche Bund und damit ein deutscher Nationalstaat gegründet, eine zentrale Forderung von 1848.[37] Darüber hinaus annektierte Preußen 1866 Hannover, Kurhessen, Nassau und Frankfurt a.M., d.h. dynastisch legitimierte Staaten wurden zugunsten eines

---

33 Vgl. Oswalt, Visualisierung (2014), S. 204.
34 Vgl. Oswalt (2014), S. 164.
35 Vgl. Langewiesche, Dieter: „Revolution von oben?" Krieg und Nationalstaatsgründung in Deutschland, in: Ders. (Hrsg.): Revolution und Krieg. Zur Dynamik historischen Wandels seit dem 18. Jahrhundert, Paderborn 1989, S. 117-133, hier S. 117f.
36 Vgl. ebd., S. 122; Althammer, Beate: Das Bismarckreich 1871-1890, Paderborn u.a. 2009 (= Seminarbuch Geschichte, Bd. 4) lässt diese Tatsache leider unter den Tisch fallen und schreibt dem Jahr 1871 übergebührlich viele Neuerungen zu.
37 Vgl. Langewiesche, Revolution von oben, S. 122f.; Zum deutsch-österreichischen Krieg und zur Gründung des Norddeutschen Bundes siehe Althammer, Bismarckreich, S. 17f.

deutschen Nationalstaats ausgelöscht.[38] Dieses Vorgehen ging sogar über die Forderungen von 1848 hinaus. Insgesamt blieb die Reichsgründung jedoch hinter diesen Forderungen zurück, weshalb Langewiesche passend vom „Doppelgesicht der deutschen Nationalstaatsgründung" aus „Fortschritt" in die Moderne und „Rückfall" hinter 1848 spricht.[39] Althammer befindet den Begriff „Revolution" für die Reichsgründung trotz der genannten Probleme für treffend, da beispielsweise eine Verbindung mit Österreich endgültig ausgeschlossen wurde, als man sich für die kleindeutsche Lösung entschied.[40]

Das „von oben" suggeriert, dass die Hauptträger der Revolution die Regierungsmitglieder waren. In der Tat spielten diese Personen eine zentrale Rolle bei der Reichsgründung. Jedoch wäre diese ohne eine „unten" bereits vorherrschende Stimmung nicht möglich gewesen.[41] Denn die Nationalstaatsbewegung war bis zur Mitte des 19. Jahrhunderts eine Massenbewegung geworden.[42] Die innere Nationsbildung war folglich schon so weit fortgeschritten, dass „von oben" darauf aufgebaut werden konnte. Dagegen waren die sogenannten „Einigungskriege" nicht als solche geplant worden, sondern entfalteten lediglich diese Wirkung.[43]

Langewiesche spricht sich deshalb für den Begriff der „Revolution von oben" aus – unter der Bedingung, dass weniger Bismarck und der Krieg betont werden, sondern die gesellschaftlichen Voraussetzungen bei gleichzeitig eingeschränkter gesellschaftlicher Partizipation.[44] Er stellt sich dabei auch gegen Engelberg, der das Motiv der Reichsgründung auf die „Furcht vor einer neuen Revolution" zurückführt.[45] Althammer dagegen befürwortet den Begriff zur Verdeutlichung des „Paradoxe[n]" an Bismarcks Vorgehen, nämlich dass er revolutionäre Mittel einsetzte, um konservative Ziele zu erreichen.[46] Insgesamt lässt sich festhalten, dass der Begriff „Revolution von oben" durchaus passend ist, wenn die von Langewiesche geforderte „Präzisierung"[47] erfolgt. Bezüglich der Wertung der Ereignisse lässt sich sagen, dass sich hier bereits sowohl Bismarcks Opportunismus als auch die Streitigkeiten innerhalb der und zwischen den

---

38 Vgl. Langewiesche, Revolution von oben, S. 123.
39 Vgl. ebd., S. 120f. (Zitate ebd.).
40 Vgl. Althammer, Bismarckreich, S. 31 und zur großdeutschen/kleindeutschen Lösung S. 14.
41 Vgl. ebd., S. 31.
42 Vgl. Langewiesche, Revolution von oben, S. 129.
43 Vgl. ebd., S. 131.
44 Vgl. ebd., S. 133.
45 Vgl. ebd., S. 133 (Zitat ebd.).
46 Vgl. Althammer, Bismarckreich, S. 31.
47 Langewiesche, Revolution von oben, S. 133.

Parteien abzeichnen, was seinen Höhepunkt zur Zeit der innenpolitischen Wende Ende der 1870er Jahre erreichen wird. Als zentrale Problemfrage für die Unterrichtsstunde ergibt sich demzufolge die Frage, inwiefern es sich bei der Reichsgründung 1871 um eine „echte" Revolution (wie sie beispielsweise durch die Französische Revolution schon bekannt ist) oder eine Revolution „von oben" handelt.

2.2 Einbettung in den Lehrplan

Die Gründung des deutschen Kaiserreichs wird in der 8. Jahrgangsstufe unter der Rubrik „G 8.2 Politik, Gesellschaft und Wirtschaft in Deutschland 1850 bis 1914 (ca. 15 Std.)" behandelt. Hier ist die Reichsgründung explizit als Unterpunkt aufgeführt: „Reichsgründung 1871, u. a. aus bayerischer Sicht". Der Perspektive Bayerns soll auf dem Arbeitsblatt mittels eines Briefs König Ludwigs II. an seinen Bruder Otto Rechnung getragen werden. Anhand dieser Quelle lässt sich auch die Problematik des einseitig wirkenden „von oben" herausarbeiten. Das geforderte Grundwissen für die Jahrgangsstufe 8 wird berücksichtigt, indem die „historischen Begriffe" „Deutsches Kaiserreich" und „Bismarck" verstanden und verwendet werden sollen. Außerdem sollen die „Fertigkeiten und Methoden" „selbstständiges Arbeiten mit schriftlichen Quellen" und das „Beschreiben und Analysieren von Bildquellen" mithilfe des Arbeitsblatts eingeübt werden.

2.3 Didaktische Reduktion

Bevor die konkrete Umsetzung des Arbeitsblatts erfolgt, soll nun zunächst eine Didaktische Analyse nach Klafki durchgeführt werden. Außerdem werden die Unterrichtsprinzipien für den Geschichtsunterricht nach Michael Sauer Berücksichtigung finden.[48] Die Didaktische Analyse nach Klafki enthält fünf Grundfragen, die nun im Hinblick auf das zu entwerfende Arbeitsblatt kurz beantwortet werden.
Der Exemplarität des Bildungsinhalts (1.) wird das Arbeitsblatt gerecht, indem es die Schülerinnen und Schüler (SuS) dazu anhält, sich erneut mit dem Revolutionsbegriff auseinanderzusetzen. Die Reichsgründung fungiert dabei als Beispiel einer Revolution,

---

48 Sauer, Michael: Geschichte unterrichten, Seelze 2015.

das die SuS mithilfe ihres Vorwissens einordnen sollen (Französische Revolution, 1848/49). Die Gegenwartsbedeutung (2.) für die SuS könnte sein, dass sie politische Begriffe („Revolution von oben") und Inszenierungen (Anton von Werners Entwurf zur Kaiserproklamation) zu hinterfragen lernen.[49]

Die Zukunftsbedeutung (3.) des Themas für die SuS ist, dass sie die Geschichte der Bundesrepublik Deutschland auf dem Weg zur Demokratie erfahren. Diese Entwicklung ist in Deutschland Teil der Allgemeinbildung. Insofern diese Frage in der Sachanalyse unter 2.1 noch nicht beantwortet wurde, lässt sich zur Struktur des Inhalts (4.) sagen, dass die SuS für dieses Thema das Vorwissen der Revolution von 1848 und der Französischen Revolution benötigen. Außerdem sollten sie die Einigungskriege und die Gründung des Norddeutschen Bundes noch präsent haben. Hilfreich wären außerdem grundsätzliche Fakten zum Parteiensystem, insbesondere zu der Spaltung der Liberalen im Zuge des Verfassungskonflikts. Mindestens sollen die SuS anschließend behalten, dass es eine Divergenz zwischen der medialen Inszenierung und dem tatsächlichen Grad der Einigkeit gab, welche politischen Lager eher kritisch gestimmt waren und dass die „Revolution von oben" nur möglich war, weil sie auf eine bereits vorhandene nationale Grundstimmung aufbaute. Zur Zugänglichkeit des Bildungsinhalts (5.): Anhand eines der weit verbreiteten Bilder von Anton von Werner kann die Inszenierung der Einigkeit bei der Kaiserproklamation mit teils kritischen Stimmen aus verschiedenen politischen Lagern kontrastiert werden. Die vorhandene Grundstimmung im Volk wird ferner durch einen Brief König Ludwigs II. an seinen Bruder Otto deutlich.

Von den Unterrichtsprinzipien Sauers sollen hier vor allem die „Multiperspektivität und Kontroversität" sowie die „Handlungsorientierung" herausgegriffen werden.[50] Multiperspektivität erlangt das Arbeitsblatt, indem einerseits verschiedenartige Quellen (Bild- und Textquellen) präsentiert werden und sich andererseits innerhalb der Textquellen verschiedene Perspektiven auf denselben Sachverhalt eröffnen. Außerdem werden die SuS in Aufgabe 3 dazu angehalten zu diskutieren und einen eigenen Standpunkt zu finden. Handlungsorientierung findet statt, wenn die SuS nicht nur Fakten und Texte rezipieren sollen, sondern aktiv die vorliegenden Quellen beschreiben, analysieren und einordnen sollen.

---

49 Hier wird auch der kritischen Sinnbildung über Zeiterfahrung nach Rüsen Rechnung getragen.
50 Vgl. Sauer, Geschichte unterrichten, S. 81-84 bzw. 87-90.

Die Gründung des deutschen Kaiserreichs 1871 -

eine „Revolution von oben"?

1. Beschreibe das folgende Bild von der Kaiserproklamation in Versailles, indem du auch seine Wirkung auf den Betrachter berücksichtigst.

Anton von Werner, Entwurf zum Gemälde „Die Proklamierung des Deutschen Kaiserreiches", 1871. Der Maler war eigens für den Festakt nach Versailles gerufen worden, seine Bilder von der Proklamation wurden massenhaft verbreitet. (Bild aus urheberrechtlichen Gründen entfernt, für Einsicht siehe Anton von Werner, Entwurf zum Gemälde „Die Proklamierung des Deutschen Kaiserreiches", 1871, in: Althammer, Beate: Das Bismarckreich 1871-1890, Paderborn u.a. 2009 (= Seminarbuch Geschichte, Bd. 4), S. 27.

2. Arbeite heraus, welche Positionen die folgenden Personen bezüglich der Reichsgründung vertreten. Vergleiche anschließend deine Ergebnisse mit dem obigen Bild.

Quellen aus urheberrechtlichen Gründen entfernt, für Einsicht siehe:
Jörg, Edmund: Das große Neujahr, in: Historisch-politische Blätter für das katholische Deutschland, redigiert von Edmund Jörg und Franz Binder, Bd. 67, München 1871, S. 1-15.
[Liebknecht, Wilhelm:] Der Leipziger Hochverratsprozeß vom Jahre 1872, heu hrsg. v. Karl-Heinz Leidigkeit. Berlin 1960, S. 256f.

3. Wilhelm Liebknecht bezeichnet die Reichsgründung in seiner Äußerung als „Revolution von oben". Erläutere mithilfe deines Vorwissens, was der Begriff „Revolution" bedeutet und was Liebknecht mit „von oben" meinen könnte.

4. Diskutiere auf der Grundlage deiner bisherigen Ergebnisse und des folgenden Briefs Ludwigs II., inwiefern die Reichsgründung von 1871 als „Revolution von oben" bezeichnet werden kann.

> Quelle aus urheberrechtlichen Gründen entfernt, für Einsicht siehe:
> Heinrich von Sybel an Hermann Baumgarten, 27.1.1871, in: Heyderhoff, Julius (Hrsg.): Deutscher Liberalismus im Zeitalter Bismarcks. Eine politische Briefsammlung, Bd. 1: Die Sturmjahre der preußisch-deutschen Einigung 1859-1870, Bonn 1925, S. 494.

2.5 Einbettung in eine konkrete Unterrichtsstunde-/sequenz

Es wird angenommen, dass das Schulbuch „Das waren Zeiten 3" verwendet wird.[51] In der Stunde zuvor sind bereits die drei Einigungskriege behandelt worden. Die betreffende Stunde soll nach dem AVIVA-Schema nach Städeli et al. (2013) gegliedert werden, sodass sich das obige Arbeitsblatt in der Einstiegs- und Verarbeitungsphase befindet. Zu Beginn der Stunde wird das Bild von Aufgabe 1 des Arbeitsblattes gezeigt, um die SuS in Raum und Zeit zu platzieren (Ankommen und Einstimmen). Sie sollen es zunächst nur beschreiben. Den SuS wird auffallen, dass es sich um eine reine Männergruppe handelt und dass diese Männer uniformiert sind, d.h. einer gehobenen Schicht angehören, und dass sie Fahnen schwingen. Ihre Blicke sind nach oben gerichtet und ihre Münder geöffnet, d.h. sie rufen vermutlich etwas. Die Stimmung ist feierlich und das hohe Fenster sowie das Gemälde an der Wand lassen die SuS eine

---

51 Brückner, Dieter/Focke, Harald (Hrsg.): Das waren Zeiten, Bd. 3 (Von der Französischen Revolution bis zum Ende des Ersten Weltkriegs), Bamberg 2013. Es handelt sich um das einzige gesichtete (Gymnasial-)Schulbuch, das die Thematik der „Revolution von oben" aufgreift, wenn auch nur am Rande und unhinterfragt (außerdem gesichtet wurden Horizonte, Geschichte und Geschehen, Zeit für Geschichte und Forum Geschichte).

Kirche oder einen Palast als Veranstaltungsort vermuten. Die SuS werden nun aufgeklärt, dass es sich um eine Darstellung der Gründung des Deutschen Kaiserreichs 1871 in Versailles handelt. Das Ergebnis der Bildbetrachtung soll sein, dass die SuS durch das Bild zu der Ansicht verleitet werden, die Kaiserproklamation sei von den Staatstragenden einmütig als Erfolg gefeiert worden. Diese Ansicht soll im weiteren Verlauf der Stunde dekonstruiert werden.

Anschließend wird mithilfe eines Zeitstrahls an der Tafel das bereits vorhandene Wissen zu den Einigungskriegen rekapituliert (Vorwissen aktivieren), bevor im Buch auf S. 111 der Abschnitt „Die Reichsgründung von oben" gelesen und im Lehrer-Schüler-Gespräch auf die provozierende Wirkung der Wahl der Örtlichkeit für die Kaiserproklamation eingegangen wird (Informieren). Der Abschnitt im Buch problematisiert das „von oben" nicht, weshalb als Nächstes in Partnerarbeit Aufgabe 2 auf dem Arbeitsblatt bearbeitet werden soll (Verarbeiten). Die SuS werden herausfinden, dass es durchaus unterschiedliche Ansichten bezüglich der Reichsgründung gegenben hat und sie werden den Widerspruch zu der Stimmung, die das Bild vermittelt, erkennen. Im Lehrer-Schüler-Gespräch soll im Folgenden noch explizit besprochen werden, was an den jeweiligen Aussagen „liberal", „konservativ" oder „sozialistisch" ist, um das politische Bewusstsein der SuS zu fördern und ihnen zu verdeutlichen, dass nicht nur einzelne Individuen der Reichsgründung kritisch gegenüberstanden, sondern ganze Weltbilder konkurrierten.

Bei Aufgabe 3 soll nun das Wissen über den Begriff „Revolution" rekapituliert werden. Die SuS können dabei aus ihrem Grundwissen über die Französische Revolution und die Revolution von 1848/49 schöpfen. Sie werden feststellen, dass eine Revolution meist von einem größeren Teil der (einfachen) Bevölkerung getragen wird und nicht selten Gewalt im Spiel ist. Sie werden vermuten, dass „von oben" bedeutet, dass die einfache Bevölkerung nicht beteiligt war. Auf dieser Grundlage können sie bei Aufgabe 4 diskutieren, wie stark die einfache Bevölkerung tatsächlich beteiligt war. Sie sollen ein Gespür für die Komplexität der Thematik erwerben, indem sie die Wechselbeziehungen zwischen der Bevölkerung und den Staatstragenden wahrnehmen. Abschließend werden die Ergebnisse und Erlebnisse reflektiert und zusammengefasst (Auswerten).

3. Literaturverzeichnis

3.1 Quellen

3.1.1 Bildquellen

- Abbildung auf dem Arbeitsblatt (Anton von Werner, Entwurf zum Gemälde „Die Proklamierung des Deutschen Kaiserreiches", 1871), in: Althammer, Beate: Das Bismarckreich 1871-1890, Paderborn u.a. 2009 (= Seminarbuch Geschichte, Bd. 4), S. 27.

3.1.2 Quellen auf dem Arbeitsblatt

- Heinrich von Sybel an Hermann Baumgarten, 27.1.1871, in: Heyderhoff, Julius (Hrsg.): Deutscher Liberalismus im Zeitalter Bismarcks. Eine politische Briefsammlung, Bd. 1: Die Sturmjahre der preußisch-deutschen Einigung 1859-1870, Bonn 1925, S. 494.
- Jörg, Edmund: Das große Neujahr, in: Historisch-politische Blätter für das katholische Deutschland, redigiert von Edmund Jörg und Franz Binder, Bd. 67, München 1871, S. 1-15.
- [Liebknecht, Wilhelm:] Der Leipziger Hochverratsprozeß vom Jahre 1872, heu hrsg. v. Karl-Heinz Leidigkeit. Berlin 1960, S. 256f.

3.2 Forschungsliteratur

3.2.1 Literatur zum Spatial Turn

- Grieshaber, Christian: Bilder von der Welt im Mittelalter. Zwischen religiösen Sehnsuchtsorten und Abbildern der Realität, in: Geschichte lernen 177 (2017), S. 24-27.
- Oswalt, Vadim: Europäische Geschichte im Unterricht einer Migrationsgesellschaft. Neue curriculare Akzente und die aktuellen Lehrpläne der Bundesländer, in: Alavi, Bettina/Henke-Bockschatz, Gerhard (Hrsg.): Migration und Fremdverstehen.

Geschichtsunterricht und Geschichtskultur in der multiethnischen Gesellschaft, Idstein 2004 (=Schriften zur Geschichtsdidaktik, Bd. 16), S. 97-113.

- Oswalt, Vadim: Das Wo zum Was und Wann. Der „Spatial turn" und seine Bedeutung für die Geschichtsdidaktik, in: GWU 61 (2010), S. 220-233.

- Oswalt, Vadim: Raum und historisches Lernen – elaborierte Konzepte zu einer basalen Dimension geschichtlichen Denkens?, in: Joachimsthaler, Jürgen/Kotte, Eugen (Hrsg.): Kulturwissenschaften und Geschichtsdidaktik, München 2011 (=Kulturwissenschaft(en) als interdisziplinäres Projekt 4), S. 199-218.

- Oswalt, Vadim/Haslinger, Peter: Raumkonzepte, Wahrnehmungsdispositionen und die Karte als Medium von Politik und Geschichtskultur, in: Haslinger, Peter (Hrsg.): Kampf der Karten. Propaganda- und Geschichtskarten als politische Instrumente und Identitätstexte in Europa seit 1918, Marburg 2012, S. 1-12.

- Oswalt, Vadim: Die Macht der Visualisierung historischer Räume – Die Karte als Medium der Geschichtskultur in Europa, in: Handro, Saskia/Schönemann, Bernd (Hrsg.): Raum und Sinn. Die räumliche Dimension der Geschichtskultur, Münster 2014, S. 195-210.

- Oswalt, Vadim: Raum, in: Mayer, Ulrich u.a. (Hrsg.): Wörterbuch Geschichtsdidaktik, Schwalbach/Ts. ³2014, S. 163-164.

3.2.2 Literatur zur Gründung des Kaiserreichs

- Althammer, Beate: Das Bismarckreich 1871-1890, Paderborn u.a. 2009 (= Seminarbuch Geschichte, Bd. 4).

- Langewiesche, Dieter: „Revolution von oben?" Krieg und Nationalstaatsgründung in Deutschland, in: Ders. (Hrsg.): Revolution und Krieg. Zur Dynamik historischen Wandels seit dem 18. Jahrhundert, Paderborn 1989, S. 117-133.

15

3.2.3 Literatur für die didaktische Umsetzung

- Sauer, Michael: Geschichte unterrichten, Seelze 2015.
- Brückner, Dieter/Focke, Harald (Hrsg.): Das waren Zeiten, Bd. 3 (Von der Französischen Revolution bis zum Ende des Ersten Weltkriegs), Bamberg 2013.